Sigrid Heinzmann

Adventskränze

AUGUSTUS

Inhalt

Material und Hilfsmittel

Drähte

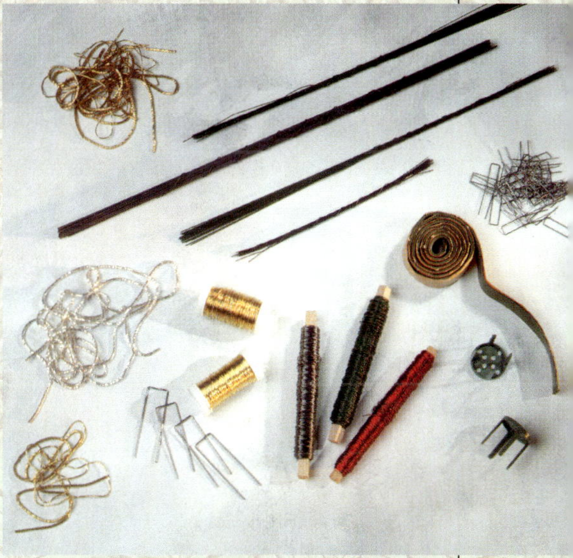

Steckdraht dient zum Bündeln und Anstecken von Pflanzen und Gegenständen.

Wickeldraht wird u. a. blau geglüht oder grün lackiert angeboten. Er ist auf Hölzchen aufgerollt und dient zum Binden von Kränzen sowie zum Andrahten von Pflanzen und Gegenständen.
Blau geglühten Draht gibt es mit einem Durchmesser zwischen 0,5 bis 0,7 mm, grün lackierten Draht mit einem Durchmesser von 0,6 oder 0,7 mm zu kaufen.
Grün lackierter Draht eignet sich z. B. für Türkränze im Außenbereich, da dieser Draht nicht rostet.

U-Nadeln (auch U-Haften genannt) sind in unterschiedlichen Größen erhältlich. Sie werden zum Befestigen von Zweigen, Moos und Blättern verwendet.

Schmuckdrähte sind auf Plastikröllchen aufgewickelt. Sie werden zum Andrahten oder zum Verzieren einzelner Materialien verwendet. Es stehen viele Farbtöne und Ausführungen zur Auswahl – z. B. glatter oder gekräuselter Draht – mit Durchmessern zwischen 0,25 und 0,6 mm. Zur Bearbeitung von Kränzen eignen sich am besten Gold-, Silber- und Kupferdrähte mit Durchmessern zwischen 0,3 und 0,5 mm.

Bouillondraht wird in einer glatten oder gekräuselten Ausführung angeboten und zum Verzieren verwendet. Bouillondraht ist besonders fein und spiralförmig aufgewickelt. Er lässt sich nach Wunsch um ein Vielfaches seiner Länge auseinander ziehen. Es gibt ihn in Gold, Silber und Kupfer mit Durchmessern zwischen 0,1 und 3 mm zu kaufen.

Feen- oder Engelshaar (Flowerhair) ist in Weiß, Gold, Silber und Kupfer erhältlich. Es wird zum Belegen von Kränzen und Gestecken verwendet.

Pinholder werden zum Fixieren von Steckmassen auf glatten Flächen, z. B. Glastellern oder Keramikgefäßen, verwendet.

Klebekitt wird zum Befestigen der Pinholder benötigt. Er ist auf Rollen aufgewickelt. Da er wasserfest ist, kann er auch für Frischblumengestecke verwendet werden.

Binde- und Steckkörper

Strohreifen sind gut geeignet zum Verzieren mit verschiedenen Materialien und zum Befestigen von Kerzen. Dünnere Strohreifen lassen sich sehr gut von Anfängern bearbeiten. Bei schwer gewichtigen Dekorationen, wie z. B. großen Kerzen oder Tonanhängern, verwenden Sie am besten sehr dicke Strohreifen (ab 25 cm Durchmesser Römer genannt).

Wellrandreifen eignen sich ideal zum Aufbinden von Kunstzweigen und Seidenblumen; sie können aber auch für frisches Tannengrün verwendet werden.

Zur besseren Stabilität und Materialeinsparung umwickeln Sie die Drahtreifen vor dem Aufbinden mit Moos oder Zeitungspapier. Wellrandreifen sind mit Durchmessern zwischen 10 und 30 cm erhältlich.

Rebengeflechte in Kranz- oder Sternform dienen als Steckunterlage. Da Rebengeflechte an sich schon sehr dekorativ aussehen, können Sie beim Verzieren ruhig die eine oder andere Stelle der Unterlage durchscheinen lassen.

Schmuckkränze gibt es u. a. fertig gebunden aus Buchs, Moos, Kunstzweigen oder Ginster. Sie sind in unterschiedlichen Größen erhältlich. Diese Kränze werden als Unterlage verwendet und zusätzlich mit Dekomaterial verziert.

Graue Steckschaummasse wird passend mit einem Messer zugeschnitten. Sie dient als Unterlage für Seiden- und Trockenblumengestecke, als Kranzform ist diese mit 30 cm ∅ erhältlich.

Grüne Steckschaummasse wird vor dem Stecken gut angefeuchtet und dient als Unterlage für Frischblumen und Koniferenzweige.

Arbeitsgeräte

Eine **Kombi**- oder **Rebenschere** wird zum Schneiden von Naturmaterialien, Zweigen und Ästen verwendet.
Mit der Kombischere lassen sich auch derbere Bänder aus Sisal oder mit Drahtkante schneiden.

Eine **Drahtzange** brauchen Sie zum Abkneifen von Draht und dickeren Kunstblumenstielen.

Eine **Blumenschere** dient zum Schneiden von feinem Pflanzenmaterial. Für Dekobänder sollten Sie sich eine zweite Schere (Haushaltsschere) zurechtlegen.

Ein **Messer** mit starker Klinge eignet sich gut zum Schälen und Anspitzen von Zweigen. Zum Teilen von Steckmasse genügt ein einfaches Cuttermesser mit abbrechbarer Klinge.

Eine **Heißklebepistole** ist sehr hilfreich, wenn es um das Befestigen von Steckmassen, Einzelteilen und Dekorationsmaterialien in Kränzen und Gestecken geht.
Da der heiße Klebstoff besonders schnell trocknet und auf fast allen Materialien gut haftet – ohne dass die Materialien angedrahtet werden müssen –, ist er für ein zügiges Arbeiten unentbehrlich geworden. Allerdings ist beim Arbeiten mit der Pistole wegen der Hitzeentwicklung Vorsicht geboten.

Alle aufgeführten Materialien und Werkzeuge finden Sie in Bastel-, Garten- oder Baumärkten.

Grundtechniken

Andrahten

Pflanzen und Dekomaterial andrahten

Feine Äste und Zweige haben oft einen zu dünnen Stiel, Früchte und Beeren wiederum haben oft gar keinen Stiel oder sind zu kurz zum Binden oder Stecken und müssen deshalb vorher angedrahtet werden.

Den richtigen Drahtdurchmesser wählen

Zum Binden von feinen Ästen, zum Andrahten von Blättern oder Fruchtscheiben bzw. zum Binden von Schleifen verwenden Sie Steckdraht mit einem Durchmesser von 0,35 bis 1,2 mm.

Bei gröberen und schwereren Materialien wie Zapfen, Koniferenzweigen, Kugeln oder Dekofrüchten verwenden Sie einen Durchmesser von 0,6 bis 1,2 mm, bei Kerzen je nach Dicke 1,2 bis 1,8 mm.

Einzelne Zweige bündeln

Kurze Koniferenzweige, Buchs oder zarte Blumen wie Lavendel lassen sich besser binden oder stecken, wenn sie zuvor zu kleinen Büscheln zusammengefasst werden. Legen Sie dazu mit der linken Hand einen feinen Steckdraht um Ihr Büschel und knicken Sie diesen mit der rechten Hand in der Mitte um.

Den geknickten Draht mehrmals fest um die andere Drahthälfte wickeln. Anschließend beide Drahtenden zusammendrücken und die Enden gleichmäßig kürzen.

Zapfen, Früchte und Exoten vorbereiten

Harte Materialien, wie z. B. Nüsse, werden zunächst mit einem kleinen Spiralbohrer angebohrt. In das entstandene Loch wird ein starker Steckdraht eingeklebt. Dafür eignet sich sehr gut die Heißklebepistole. Sie können aber auch eine Flach- oder Rundzange zur Hand nehmen und ein Ende des Steckdrahtes zu einer kleinen Öse umbiegen. Die Nüsse, Zapfen oder Blütenköpfe werden dann mit dem Heißkleber in die Drahtösen eingeklebt.

Bei frischen Blättern oder weichen Früchten stechen Sie den Draht durch das Blatt bzw. die Frucht, biegen den Draht nach unten um und verdrillen beide Enden miteinander.
Bei Zapfensorten mit Schuppen winden Sie den Steckdraht um den untersten Schuppenkranz herum. Anschließend beide Drahtenden nach unten umbiegen und fest miteinander verdrillen.

Getrocknete Blätter mit Draht versehen
Bei gepressten oder getrockneten Blättern muss vorsichtig mit feinem Steckdraht gearbeitet werden.
Stecken Sie dazu den Draht am unteren Ende des Blattes dicht an der Blattrippe quer durch. Biegen Sie nun vorsichtig beide Drahtenden nach unten um und verdrillen Sie diese miteinander.

Kerzen andrahten

Je nach Kerzendicke verwenden Sie einen Steckdraht mit entsprechendem Durchmesser. Dieser sollte jedoch nicht unter 1,2 mm liegen. Von Vorteil ist, wenn die Kerzen vor dem Andrahten eine kurze Zeit in einem warmen Raum gelagert werden.

Schneiden Sie gleich lange Drahtstücke von ca. 6 cm Länge zu. Bei gebundenen Koniferenkränzen auf Drahtreifen oder groben Rebenkränzen verwendet man ca. 8 cm lange Drahtstücke. Erhitzen Sie nun die Steckdrähte in einer Kerzenflamme und drücken Sie die Drähte anschließend rasch ca. 1 cm tief in den Kerzenboden ein.

Je nach Kerzenumfang drücken Sie zwischen zwei und vier Steckdrahtstücke senkrecht in den Kerzenboden. Bei Draht- und Rebenreifen biegen Sie die Steckdrähte auf der Kranzunterseite um; so bekommen die Kerzen einen zusätzlichen Halt.
Zum Abschneiden und Festhalten des Drahtes eine Flachzange verwenden.

Schleifen andrahten

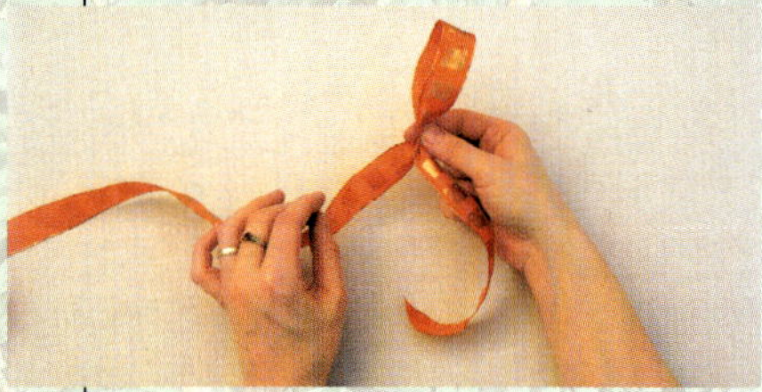

① Legen Sie eine Schlaufe und halten Sie diese am Schnittpunkt mit Daumen und Zeigefinger zusammen.

② Mit der anderen Hand legen Sie eine zweite Schlaufe darüber und drücken das Band am Schnittpunkt zusammen.

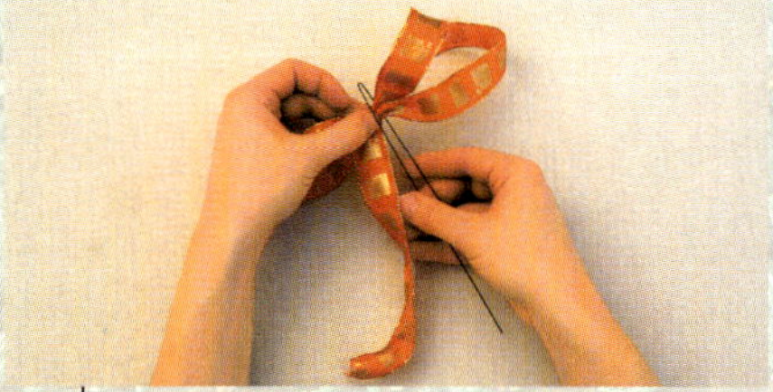

③ Als Nächstes legen Sie einen feinen Steck- oder Bindedraht, der in der Mitte abgebogen wird, über den Schnittpunkt. Die Drahtenden verdrillen Sie fest miteinander. So erhält die Schleife Festigkeit und Stand.

Blumen und Früchte mit Wachs überziehen

Wachseffekte
Um Frischblumen, Blätter oder Beeren länger haltbar zu machen, tauchen Sie die Materialien in flüssiges Wachs. Seidenblumen, Dekofrüchte, Kerzen, Zapfen und vieles mehr erhalten als Nebeneffekt zusätzlich ein antikes, perlmuttartiges Aussehen.
Im Bastelfachhandel gibt es ein spezielles Blumentauchwachs zu kaufen; Sie können aber auch Paraffinwachs verwenden. Ebenso eignen sich alte Kerzenreste (äußere Farbschicht muss entfernt werden) zum Tauchen.

So wird's gemacht

Erhitzen Sie das Wachs in einem Blechtopf im Wasserbad. Wenn Sie größere Mengen an Blumen und Früchten konservieren möchten, gibt es im Bastelfachhandel auch spezielle Wachskocher zum Schmelzen.

Entfernen Sie vor dem Tauchen durch Kerzenfarbreste entstandene Verunreinigungen auf dem Wachs. Versehen Sie außerdem stängellose Blüten, Blätter und Früchte vor dem Tauchen mit Drahtstielen, da sich diese später schlecht andrahten oder ankleben lassen.

Frische Blüten und Früchte dürfen nicht auseinander fallen oder feucht sein; sie müssen außerdem von fester Substanz sein.

Jetzt tauchen Sie die einzelnen Materialien in das geschmolzene Wachs und stellen bzw. legen sie zum Trocknen in ein Gefäß oder auf ein Kuchengitter.

Um den richtigen Wachsschmelzpunkt herauszufinden, machen Sie am besten einige Proben, da das Wachs nicht zu heiß werden darf. Zu heißes Wachs lässt Blüten und Blätter nämlich braun werden und schrumpfen.

Frosteffekte erzielen

Ob Koniferenzweige, Blüten, Blätter oder Dekomaterial – mit Sprühkleber und Zucker bzw. Kunstschnee bearbeitet, sehen diese Objekte wie vom Frost erstarrt aus. Umweltfreundlichen Kunstschnee gibt es in verschiedenen Körnungen.
Auch in Wachs getauchte Materialien (Anleitung siehe Seite 8) können zusätzlich noch mit Kunstschnee oder Zucker berieselt werden. Dazu die Objekte nach dem Tauchen kurz abtropfen lassen und anschließend in Kunstschnee wälzen oder Zucker auf das noch warme Wachs streuen; gehen Sie dabei zügig vor.

Verschiedene Techniken zur Kranz- bzw. Gesteckgestaltung

Gebundener Kranz

Wenn Sie Zweige verschiedener Koniferenarten verwenden, bezaubert der gebundene Kranz nicht nur durch seine Fülle, sondern auch durch unterschiedliche Grüntöne.

Das wird gebraucht

Wellrandreifen, ∅ 30cm
Moosstücke oder Zeitungspapier
Wickeldraht
verschiedene Koniferenzweige
großer Teller
4 Perläpfel, ∅ 6 cm
dicker Steckdraht
10 Pergaminsterne
Golddraht, ∅ 0,6 mm
6 Glaskugeln in Rot-Orange, ∅ 3 cm
1 Beutel kurze Zimtstangen
1 Beutel Flechtenmoos in Natur
4 Kerzen, 9 x 9 cm
Styropor- oder Steckschaumstücke

So wird's gemacht

Material vorbereiten
Vor dem Binden des Kranzes schneiden Sie die Koniferenzweige auf eine Länge von ca. 10 cm zu. Ein paar Zweige sollten einige Zentimeter länger sein als die übrigen, um beim späteren Schließen des Kranzes ein schöneres Ineinander der Zweige zu erzielen.

Als Bindeunterlage dient ein mit Moos oder Zeitungspapier verstärkter Wellrandreifen.

Zweige bündeln

① Wickeln Sie den Draht fest um den Wellrandreifen. Fassen Sie mehrere längere Zweige zu einem Büschel und legen Sie dieses mittig auf den Reifen. Umwickeln Sie die Zweige zweimal fest mit dem Draht. Diese Arbeit geht recht zügig vonstatten, wenn Sie die Drahtrolle in der rechten Hand halten und sie dann von innen nach außen führen.

①

Bündel schuppenförmig anlegen

② Als Nächstes legen Sie ein zweites Büschel links und ein drittes Büschel rechts vom Anfangsbüschel auf den Drahtreifen. Nach jedem Anlegen das Material zweimal mit Draht fest abbinden.

③ Auf diese Weise arbeiten Sie alle weiteren Büschel schuppenförmig ein; legen Sie die Zweige dabei gegen den Uhrzeigersinn an. Beim Binden achten Sie darauf, dass die nachfolgenden Zweige die Stiele der vorigen immer überdecken. Das Volumen und die Kranzhöhe können durch mehr oder weniger Abstand der Bindestellen variiert werden.

②

Kranz schließen

Zum Schließen des Kranzes mit der linken Hand die Zweige des Kranzanfangs zurückbiegen, die letzten Büschel so nah wie möglich an die Anfangszweige anlegen und abbinden.

Anschließend den Draht mehrfach fest umwickeln, etwas länger abschneiden und das Ende des Drahtes auf der Kranzrückseite einflechten.

③

Zum Abschluss wird der gebundene Kranz mit einer Schere in Form gebracht.

Dekorieren
Jetzt kann mit dem Dekorieren begonnen werden. Legen Sie den Kranz dazu auf einen großen Teller.

Die Äpfel mit einem dicken Steckdraht aufspießen; ein Apfel wurde mit einem Messer vorsichtig halbiert.

• Tipp •

Aus Pergaminpapier (Lampenschirmfolie) können Sie die Sterne auch selber herstellen.

Die Sterne werden mit Golddraht zu einer Girlande aufgefädelt und mit den restlichen Materialien aufgeklebt. Die Äpfel rund um den Kranz stecken. Die Glaskugeln und die Zimtstangen andrahten oder mit der Klebepistole zwischen Äpfeln und Sternen einkleben. Den Tellerboden des Kranzinneren mit eingestreutem Flechtenmoos abdecken und darauf die Kerzen stellen.

Unterschiedliche Kerzenhöhen erhalten Sie, indem Sie kleine Styropor- oder Steckschaumstücke unter die einzelnen Kerzen legen.

Gesteckter Kranz

Dieser fruchtig-blumige Kranz lässt sich einfach und schnell in der Stecktechnik herstellen. Als Steckunterlage wählen Sie für Trocken- und Seidenblumenmaterialien einen grauen Steckschaumkranz. Für frische Zweige, Blumen und Früchte verwenden Sie einen grünen Steckschaumkranz zum Wässern.

So wird's gemacht

Die verschiedenen grünen Zweige auf eine Länge von ca. 8 bis 10 cm zuschneiden und zu kleinen Sträußen bündeln (Anleitung siehe Seite 6). Das silberne Feenhaar, einzelne Blütenköpfe, Blätter, Früchte und die Kerzen mit Steckdraht andrahten (Anleitung siehe Seite 7).

Alle Drahtstiele der gebündelten Materialien auf ca. 3 cm kürzen.

Das wird gebraucht

Steckschaumkranz, ∅ 30 cm
verschiedene Grünzweige und Blätter
1 Beutel Feenhaar in Silber
je 2 Perlzitronen- und Apfelscheiben
je 6 Perläpfel in Rot und Lindgrün, ∅ 2 – 3 cm
8 Muskatnüsse
6 Seidenrosen in Creme, ∅ 3 cm
3 Bund Beeren in Blau
6 Erdbeeren, gefrostet
1 Stängel Schneeballzweig
4 Kerzen in Lindgrün, 10 x 6 cm
Steckdraht
Teller in Gold, ∅ 40 cm
1 Beutel kleine Glassteine in Grün

Die angedrahteten und in Mehl gewälzten Kerzen (siehe Profi-Tipp auf der ersten Umschlaginnenseite) auf dem Kranz in regelmäßigen Abständen verteilen.

Mit einem angedrahteten Büschel beginnen Sie den Kranz zu füllen. Verteilen Sie die vorbereiteten Materialien gleichmäßig auf dem Kranz. Dabei die Büschel leicht schräg in den Kranzkörper einstecken.

Achten Sie beim Arbeiten darauf, dass die gesteckten Materialien dicht aneinander angeordnet werden und die Steckmasse nicht mehr sichtbar ist. Einzelne große Zitronenscheiben und die Glassteine werden mit der Heißklebepistole fixiert.

Den fertigen Kranz auf einen passenden Teller stellen und nun noch ein paar Glassteine im Kranzinneren verstreuen.

• Tipp •

- Nach den Festtagen können die Kerzen entfernt, die Lücken mit Früchten und Grünzweigen aufgefüllt und der Kranz als dekorativer Tischschmuck weiterverwendet werden.
- Früchte mit Reifeffekt erhalten Sie durch Aufbringen von Sprühkleber und anschließendem Berieseln mit Zucker oder feinem Kunstschnee (siehe auch Anleitung Seite 9).

Gefüllter Kranz

Diesen Adventskranz sieht man nicht alle Tage. Hier setzen rustikale Naturmaterialien in Kombination mit festlichen Accessoires besondere Akzente.

Das wird gebraucht

- Pflanzring, ∅ 35 cm
- Goldspray
- Steckschaumziegel
- 1 Beutel Kokosfasergras oder Kokosfaserplatte in Natur
- Clematisranken oder Hartriegelruten
- Wickeldraht
- Steckdraht
- verschiedene grüne Koniferenzweige
- Lavendelzweige (getrocknet)
- je 3 Äpfel in Grün, ∅ 3 oder 4 cm
- 1 Beutel Limonenscheiben (ca. 10 Stück)
- 2 Pilze
- 4 Bund Vogelbeeren in Weinrot
- 1 Beutel Zypressenzapfen (ca. 10 Stück)
- 4 Kerzen, 10 x 7 cm
- 4 Bund Glasbeeren in Transparent, ∅ 1,5 cm
- Watte
- 6 Holzsterne

So wird's gemacht

Die Außenseite des braunen Pflanzringes wird mit Goldspray besprüht. Nach dem Trocknen den Boden des Pflanzringes mit ca. 5 cm hohen zurechtgeschnittenen Steckschaumstücken füllen. Die Steckmasse wird mit Heißkleber befestigt.

Mit Kokosfaser stellenweise die Steckmasse abdecken. Vereinzelt Kokosfaserstücke über den Rand des Gefäßes herausragen lassen.

Einzelne Clematisranken oder andere biegsame Zweige mit Draht zu einem Ring zusammenbinden, der in etwa die Größe des Steckgefäßes hat.
Den Ring an drei Stellen mit festem Steckdraht versehen und anschließend an diesen Stellen in die Schaummasse stecken. Zusätzlich mit Heißkleber fixieren.

Nun kann mit dem Füllen und Verzieren des Kranzes begonnen werden.

Dazu unterschiedlich gekürzte Koniferenzweige zwischen die Ranken legen.

Lavendelzweige zu kleinen Büscheln bündeln (siehe Anleitung auf Seite 6) und vereinzelt in die Steckmasse senkrecht einstecken.

Äpfel, Pilze, gebündelte Beeren, Zapfen und einzelne Fruchtscheiben mit der Heißklebepistole in den Kranz einarbeiten. Die angedrahteten Kerzen (Anleitung siehe Seite 7) auf einer Seite des Kranzes anordnen. Kleine Glasbeeren leuchten aus dem rustikalen Gesteck heraus.
Abschließend den Kranz mit feiner ausgezupfter Watte dezent überziehen. Kleine Holzsterne, die farblich zu den Kerzen passen, zieren den Kranz zusätzlich.

Geklebter Kranz

Achten Sie bei der Auswahl des Klebstoffes darauf, dass er das Untergrundmaterial nicht beschädigt und dass er transparent trocknet. Am besten ist, Sie verwenden für diese Arbeit eine Heißklebepistole oder Kaltleim.

Das wird gebraucht

- Steckschaum- oder Styroporkranz, ∅ 30 cm
- 2 Beutel Feenhaar in Silber
- Steckdraht
- je 10 Kugeln in mattem Silber und Blau sowie in glänzendem Blau, ∅ 4 cm
- je 1 Bund Glasbeeren in mattem Silber und Blau sowie in glänzendem Blau, ∅ 3 cm
- 2 Bund Glasbeeren in mattem Blau, ∅ 2 cm
- 1 Bund Glasbeeren in glänzendem Blau, ∅ 2 cm
- je 1 Bund Glasbeeren in glänzendem Silber und glänzendem Blau, ∅ 1 cm
- 12 Perlglasbeeren in Blau, ∅ 2,5 cm
- 5 Seidenrosen in Blau, ∅ 5 cm
- Teller, ∅ 40 cm
- 4 Kerzen in Silber, 10 x 6 cm

So wird's gemacht

Bevor Sie mit dem Bekleben des Kranzes beginnen, drahten Sie das Feenhaar in kleinen Büscheln an. Wie das geht, erfahren Sie auf Seite 7.

Die einzelnen Kugeln werden mit Klebstoff versehen und auf der Steckunterlage angeordnet. Danach werden die unterschiedlich großen Glasbeeren gleichmäßig auf dem Kranz verteilt.

Die Feenhaarbüschel und vereinzelt mit eingearbeitete Rosenblüten dienen zum Füllen der Zwischenräume und lockern den Kranz auf.

Rebensterngesteck

Das wird gebraucht

Rebenstern, ∅ 40 cm
1 Rolle Tannengirlande
Bindedraht
Goldband mit Drahtkante, 2 m lang
1 Beutel Dschungelgras in Oliv
2 Seidenrosen mit Knospen, gefrostet
1 Beutel Kokosfaser in Silber
3 Goldspiralenstecker
je 2 Teelichter in Silber und Gold, ∅ 6 cm
1 Engelsputte

So wird's gemacht

Die Tannengirlande um den Rebenstern legen und mit Hilfe der Heißklebepistole oder des Bindedrahtes fixieren. Als Nächstes das goldene Drahtband einflechten.
Mit Dschungelgras stellenweise den mittleren Rebenteil abdecken. Zwei gekürzte Rosen auf dem Stern anordnen und mit Draht, der von unten durch das Rebengeflecht gefädelt wird, befestigen. Die zum Teil noch sichtbare Rebenfläche mit silberfarbener Kokosfaser abdecken. Die drei Goldspiralenstecker und die Teelichter auf den Sternspitzen sowie im Innenbereich des Sternes verteilen und festkleben.
Die Zwischenräume mit Rosenblättern und Knospen auffüllen. Den Engel zwischen den Teelichtern und den Rosenblüten anordnen und mit Hilfe der Heißklebepistole fixieren.

Längliches Gesteck mit Kerzen

Als Unterlage dient bei diesem Gesteck ein Tonziegel. Sollten Sie keinen Tonziegel im Handel erhalten, können Sie diesen auch einfach aus Modellierton selbst fertigen. Dazu die Modelliermasse kneten, mit dem Wellholz ausrollen und zum Trocknen über ein Kunststoffrohr oder Ähnliches legen.

Das wird gebraucht

Tonziegel, ca. 50 cm lang oder
2 Beutel tonfarbene Modelliermasse (Platte 50 x 22 cm)
Steckschaumstücke
Kokosfaser
verschiedene Koniferenzweige
feine Zweige in Grün
U-Klammern
1 Bund getrockneter Lavendel
2 Stängel Vogelbeeren in Rot
4 Kerzen, 8 x 6 cm
ca. 10 getrocknete Orangenscheiben
5 – 7 Zimtsterne
ca. 10 Amberzapfen in Gold
feiner Bouillondraht in Gold

So wird's gemacht

Den Tonziegel mit flachen zurechtgeschnittenen Steckschaumstücken füllen. Zum Befestigen der Steckmasse verwenden Sie Heißkleber. Den Steckschaum grob mit Kokosfaser abdecken. Anschließend von rechts und links je einen längeren Koniferen- und einen feinen grünen Zweig mittig in die Schaummasse stecken und einkleben. Jeweils seitlich der Zweigspitzen weitere der Länge nach abgestufte Koniferenzweige schräg einstecken und mit U-Klammern befestigen. Dann jede Seite mit zwei Lavendelbüscheln verzieren. Auf den Lavendel werden noch rote Beerenzweige gelegt und mit

Längliches Gesteck mit Kerzen

U-Klammern fixiert. Arbeiten Sie nacheinander beide Gesteckenden zur Mitte hin. Durchscheinende Steckmasse wird mit kurzem Koniferengrün belegt.

Nacheinander werden die zuvor angedrahteten und in der Wachstechnik bearbeiteten Kerzen (Anleitungen siehe Seite 7/9 und erste Umschlaginnenseite) auf dem Gesteck verteilt.

Ausgeschmückt wird anschließend mit aufgeklebten Orangenscheiben, Zimtsternen und goldenen Amberzapfen.

Aufgezogener Bouillondraht formt die Gesteckspitzen und umspinnt das Ganze.

Kranz- und Gesteckvariationen

Kranz mit Engel

Es hat fast den Anschein, als ob hier fleißige Engelshände am Werk waren. So duftig leicht und doch festlich sieht dieser Kranz aus.

Das wird gebraucht

Styroporkranz, ∅ 40 cm
1/4 Beutel Füllwatte in Weiß
kleine U-Klammern
verschiedene Kunstzweige, wie Kiefer, Mistel, Efeu oder Tanne
Lärchengirlande, 1,5 m lang
1 Beutel Feenhaar in Silber
Glasteller in Grün, ∅ 50 cm
Keramikengel in Antik-Silber
5 Blecheimer, 6 cm hoch, ∅ 5 cm
1 Blecheimer, 8 cm hoch, ∅ 8 cm
2 Teelichter in Silber, ∅ 5 cm
je 1 Teelicht in Gold, ∅ 8 cm und ∅ 5 cm
5 Glaskugeln in Apfelgrün, ∅ 4 cm
2 Glaskugeln in mattem Silber, ∅ 4 cm
8 Skeleton-Sterne in Natur/Gold
9 Amberzapfen in Gold

So wird's gemacht

Als »Gerüst« wird ein Styroporkranz verwendet, den Sie vollständig mit aufgezupfter Füllwatte abdecken. Die Watte wird mit kleinen U-Klammern auf dem Ring festgesteckt.

Die gekürzten Grünzweige verteilen Sie zusammen mit einzelnen großen Efeublättern in kleinen Gruppen auf dem Ring. Damit die Pflanzen besser halten, nicht nur feststecken, sondern zusätzlich ankleben.

Zwischen den Zweigen und Blättern windet sich eine schmale Lärchengirlande um den Kranz.

Aufgezogenes Feenhaar wird locker um Kranz und Zweige gewunden und mit U-Klammern festgesteckt.

Zum Dekorieren wird der Kranz auf einen großen Glasteller gelegt.

Den Keramikengel mit Heißkleber auf dem Kranz befestigen. Vier kleine Blecheimer, teils gefüllt mit Teelichtern, die Glaskugeln, Sterne und Amberzapfen nach Wunsch auf dem Kranz verteilen und fixieren. Die restlichen zwei gefüllten Blecheimer in die Mitte des Kranzes auf den Glasteller stellen.

Engelputte im Tonteller

Durch die cognacfarbenen Kerzen sowie die Beigaben in mattem Rot und Orange erhält dieser Kranz bereits eine warme Ausstrahlung – auch ohne Kerzenschein.

So wird's gemacht

Den Kranz vollständig mit Plattenmoos abdecken und dieses anschließend mit kleinen U-Klammern oder mit der Klebepistole auf der Kranzunterlage fixieren.

Zwei lange Efeuranken um den Mooskranz winden und mit U-Klammern feststecken. Eine dicke Goldkordel mehrmals dekorativ um den Kranz schlingen und die Kordelenden mit Klebstoff im Efeu befestigen.

Den Kranz in eine Tonschale legen. Die beiden dickeren Kerzen mit Kerzenhaltern versehen, die kleineren Kerzen mit Steckdraht andrahten. (Wie das geht, lesen Sie bitte auf Seite 7 nach.) Drei Kerzen auf dem Kranz anbringen. Ein kleines zurechtgeschnittenes Steckschaumstück in der Kranzmitte auf dem Tonteller festkleben und mit Plattenmoos abdecken. Die übrige kleine Kerze mittig auf dem Steckschaum platzieren.

Die Glaskugeln, Orangenscheiben, goldenen Zapfen und Muskatnüsse gleichmäßig auf dem Kranz und in der Kranzmitte verteilen und festkleben. Als Blickfang dient ein kleiner Engelkopf. Goldene Streusternchen, auf dem Tellerrand und im Kranz verteilt, ankleben.

Zum Schluss mit einem kleinen Pinsel oder mit den Fingerspitzen feines Bronzepulver auf den Schalenrand und vereinzelt auf die Efeublätter wischen.

Das wird gebraucht

Steckschaumkranz, ∅ 25 cm
ca. 150 g Plattenmoos in Natur oder wahlweise
1 fertiger Mooskranz, ∅ 25 cm
kleine U-Klammern
frische Efeuranken oder Efeu aus Seide
dicke Goldkordel, 2,5 m lang
Tonschale, ∅ 40 cm
2 Kerzen in Cognac, 8 x 6 cm
2 Kerzen in Cognac, 7 x 5 cm
2 Kerzenhalter für die dickeren Kerzen
Steckdraht
Steckschaummasse
4 Glaskugeln in mattem Weinrot, ∅ 4 cm
2 Glaskugeln in mattem Cognac, ∅ 4 cm
5 getrocknete Orangenscheiben
5 Amberzapfen in Gold
4 Muskatnüsse
Engelkopf
10 kleine Holzstreusterne in Gold
Bronzepuder in Gold
evtl. kleiner Pinsel

Kranz in Grau-Silber

Bei diesem Kranz bestechen vor allem die Farbkontraste. Die grau-silbernen Kerzen und Sterne symbolisieren den frostig-kalten Winter, die Rot-, Grün- und Brauntöne der Kranzbeigaben strahlen heimelige Wärme aus.

Das wird gebraucht

- Fertig gebundener Schlehenkranz, ∅ 40 cm
- Wickeldraht, ∅ 0,6 – 0,7 mm
- evtl. lose Baumrindenstücke
- Koniferenzweige in Grün
- 1 Beutel Flechtenmoos in Natur
- 4 Kerzenteller in Messing oder Silber, ∅ 7,5 cm
- 6 große Fichtenzapfen
- 1 Beutel Kalyxpilze in Natur
- 4 Sandsterne, ∅ 12 cm
- 10 Äpfelchen in Rot, ∅ 3 cm
- 7 Baumwollblüten
- 1/4 Beutel Feenhaar in Silber
- je 2 Kerzen in Sandgrau, 14 x 6 cm und 10 x 6 cm

So wird's gemacht

Hier wird ein fertig gebundener Kranz aus Schlehenzweigen als Unterlage verwendet. Wenn Sie den Kranz selbst fertigen möchten, sollten Sie beim Binden unbedingt dicke Arbeitshandschuhe tragen. Stecken Sie frische Schlehenzweige zu einem Kranz ineinander. Anschließend wird der Kranz geformt und mit Draht mehrmals umwickelt.

Dabei werden einzelne Baumrindenstücke mit eingebunden.

Zum Füllen des groben Geflechts zwischen den Zweigen längeres Koniferengrün einflechten. Auf dem Kranz, und zwischen den Zweigen verteilt, größere Flechtenmoosstücke einkleben.
Die Kerzenteller auf dem Kranz anordnen und gut festkleben, falls nötig mit kleinen Rindenstückchen zur Stabilität unterlegen.

Anschließend wird mit dem Dekorieren des Kranzes begonnen. Zuerst die großen Fichtenzapfen und vereinzelt Kalyxpilze verteilen und festkleben. Passend zu den Kerzen schmücken große Sandsterne den Kranz, und rote Äpfel sowie Baumwollblüten beleben das Ganze. Feines aufgezogenes Feenhaar liegt lose auf dem Kranz auf. Zum Schluss die Kerzen auf die Kerzenteller setzen.

• Tipp •

Es müssen nicht immer teure Kerzen und Dekomaterialien verwendet werden. Weiße einfache Kerzen und Styroporsterne aus dem Bastelgeschäft lassen sich schnell und einfach mit grauer Granitfarbe bestreichen. Zusätzlich kann in die noch nasse Farbe irisierender Glimmer gestreut werden (siehe auch Profi-Tipp).

Adventsgesteck auf Vase

Von diesem erhöhten Platz aus lässt sich der Adventskranz ringsum wunderbar mit weihnachtlich geschmückten Girlanden versehen.

Das wird gebraucht

- Steckschaumring, ∅ 25 cm
- je 1 Beutel Platten- und Flechtenmoos in Natur
- kleine U-Klammern
- getrocknete Blätter
- Steckdraht
- Efeublätter aus Seide
- 2 Äpfel in Gelb-Rot, ∅ 5 cm
- 4 Äpfel in Gelb-Rot, ∅ 4 cm
- verschiedene Früchte und Zapfen zum Dekorieren, wie Zimt, Hagebutten, Fichtenzapfen, Kastanien,
- je 1/4 Beutel Kokosfaser in Natur und Weiß
- kleine Zweige
- Apfelscheiben
- Sisalschnur in Rot, 1 m lang
- Holz- oder Keramikvase in Dunkelrot, ca. 40 cm hoch
- Steckschaumziegel
- 4 Kerzen, 13,5 x 2,6 cm
- feiner Gold- und Bouillondraht
- ca. 10 kleine Holzsterne in Natur-Creme

So wird's gemacht

Zuerst wird der Steckschaumring abwechselnd mit Plattenmoos und Flechtenmoos versehen. Sie können das Material ankleben oder mit kleinen U-Klammern befestigen.

Die getrockneten Blätter werden angedrahtet, mit einer Wachsschicht überzogen (siehe Seite 7/8) und dann – wie die Efeublätter aus Seide – auf dem Kranz verteilt. Als Nächstes Äpfel, Zapfen, Holzsterne und Beeren andrahten (Anleitung siehe Seite 7) und diese zusammen mit kleinen Zweigen und Kokosfaser in den Kranz stecken.

Die durchbohrten Apfelscheiben werden auf eine Sisalschnur aufgereiht. Die bestückte Schnur anschließend auf den Kranz legen und stellenweise mit U-Klammern feststecken. Vase mit zurechtgeschnittener Steckschaummasse füllen. Den dekorierten Steckschaumkranz auf die Vase setzen und mit langen Steckdrähten oder mit der Heißklebepistole im Steckschaum befestigen.

Die Unterseite des Kranzes, die über die Vase ragt, mit Platten- und Flechtenmoos vollständig abdecken. Ebenso die sichtbare Steckschaummasse in der Vase mit Plattenmoos abdecken.

Jetzt die in der Wachstechnik behandelten Kerzen (siehe Profi-Tipp) angedrahten. Drei Kerzen füllen die Kranzmitte, eine Kerze ziert den Kranzrand. Getrocknete Fruchtscheiben, Zimtstangen, Sterne und Blätter werden auf Golddrähte aufgefädelt. Das Drahtende wird jeweils zu einer Öse gebogen und mit U-Klammern an der Kranzunterseite befestigt; zusätzlich mit Klebstoff fixieren.

Feine weiße Kokosfaser und aufgezogener Bouillondraht umspinnen den Kranz.

Kranz mit Schneemännern

Dieser Kranz lässt nicht nur Kinderherzen höher schlagen, er wird bestimmt auch bei erwachsenen Betrachtern Bewunderung hervorrufen.

Das wird gebraucht

Grober Clematisrebenkranz, ∅ 40 cm
3 Tannenzweige aus Seide
Füllwatte in Weiß
4 Schneeballkerzen, ∅ 6 cm
Steckdraht
1 großer und 3 kleine Filzschneemänner
4 Filzsterne
8 kleine und 4 große Filzpäckchen
3 kleine Holzfiguren
7 Glimmerschneekugeln, ∅ 4 cm
je 1 Beutel Pompon in Weiß, ∅ 1 und 1,5 cm
Baumwollschnur in Weiß, 3 m lang
Stopfnadel
Sprühkleber
Kunstschnee

So wird's gemacht

Auf dem groben Clematiskranz einzelne gekürzte Tannenzweigspitzen und als Vlies auseinander gezogene Füllwatte verteilen. Mit der Heißklebepistole die Watte und die Zweige fixieren.

Nun mit langen Steckdrahtstücken die Kerzen andrahten (Anleitung siehe Seite 7) und diese anschließend auf den Kranz stecken. Die an der Unterseite des Kranzes abstehenden Drahtenden umbiegen. So halten die Kerzen besser auf dem locker geflochtenen Kranz.

Als Nächstes wird mit dem Dekorieren des lustigen Kranzes begonnen. Da der Kranz sehr locker geflochten ist, empfiehlt es sich, die Dekoration aufzukleben.

Zuerst werden die Schneemänner zwischen den Kerzen verteilt. Die Zwischenräume füllen Filzsterne, Filzpäckchen sowie Glimmerkugeln aus. Auf eine Baumwollschnur werden mit Hilfe einer Stopfnadel unterschiedlich große Pomponkugeln aufgefädelt. Anschließend die Schnur locker um den Kranz legen und stellenweise zwischen den Dekoteilen durchschlingen.

Ein winterliches Aussehen erhält der Kranz durch aufgebrachten Kunstschnee. Dazu mit Sprühkleber einzelne Stellen des Kranzes einsprühen und anschließend den Kunstschnee auf den aufgebrachten Kleber streuen. Dieser lässt sich besser und feiner verteilen als Schnee aus der Sprühdose (siehe Seite 9).

Kranz aus Naturmaterialien

Bei diesem hübschen Kranz sorgen gleich acht Kerzen dafür, dass das Licht in der Adventszeit nie zum Erlöschen kommt. Ganz traditionsgemäß ist er in den Farben Rot und Grün gehalten.

Das wird gebraucht

Styroporkranz, ∅ 40 cm
150 g Plattenmoos in Naturgrün
U-Klammern
8 Kerzen in Rot, in der Länge unterschiedlich abgestuft
4 Äpfel in Rot, ∅ 4 cm
3 Äpfel in Rot, ∅ 5 cm
1 Apfel in Rot, ∅ 6 cm
getrocknete Blätter
Steckdraht
3 frische oder künstliche Efeuranken
2 Holzsterne
ca. 10 Apfelscheiben
6 Fichtenzapfen
5 kleine Kiefernzapfen
2 Bund kleine Zimtstangen
1/2 Beutel loses Rebenmaterial in Natur
Wickeldraht

So wird's gemacht

Den Styroporkranz vollständig mit Plattenmoos bekleben oder das Moos mit U-Klammern befestigen.

Die Kerzen, Äpfel und getrockneten Blätter mit Wachs ummanteln (siehe Profi-Tipp auf der ersten Umschlaginnenseite sowie Anleitung auf Seite 8) und mit Steckdraht versehen (Anleitung siehe Seite 7). Anschließend die angedrahteten Kerzen auf dem Kranz verteilen. Efeuranken um den Kranz winden und mit U-Klammern fixieren.

Nun wird mit dem Ausschmücken des Kranzes begonnen. Die Holzsterne, Blätter, Apfelscheiben, Fichten- und Kiefernzapfen auf dem Kranz platzieren. Einzelne Materialien teilweise unter die Efeuranken einarbeiten und mit Hilfe der Heißklebepistole fixieren.

Die gebündelten Zimtstangen und die gewachsten Äpfel dazwischenstecken. Zur Auflockerung aus losem Rebenmaterial kleine Büschel mit Draht binden (Anleitung siehe Seite 7) und zwischen die Früchte und Kerzen stecken.

Die Deutsche Bibliothek – CIP-Einheitsaufnahme

Ein Titeldatensatz für diese Publikation ist bei Der Deutschen Bibliothek erhältlich.

Besuchen Sie uns auf unserer Internetseite unter www.augustus.de

Fotografie: Annette Hempfling, München
Arbeitsfotos: S. Heinzmann
Lektorat: Susanne Gugeler, Mering
Umschlaglayout: Angelika Tröger
Reihenkonzeption: Kontrapunkt, Kopenhagen
Layout: Uhl + Massopust, Aalen

AUGUSTUS VERLAG, München 2001

Satz: Gesetzt aus 9,5 Punkt The Sans
von Uhl + Massopust, Aalen
Reproduktion: Uhl + Massopust, Aalen
Druck und Bindung: Offizin Andersen Nexö, Leipzig

Gedruckt auf 135 g umweltfreundlich chlorfrei gebleichtes Papier.

ISBN 3-8043-0875-9

Printed in Germany